1. Auflage 2010
Gerth Medien: Bestell-Nr. 816 538
ISBN 978-3-86591-538-2
Down to Earth: Best.-Nr. 304202
ISBN 978-3-935992-80-0

Umschlaggestaltung und Layout: Hanni Plato
Umschlagfoto: mauritius images / Monsoon

Kerstin Hack

Ich warte auf dich in der Hütte

Gott neu begegnen

GerthMedien

Kerstin Hack

Ich warte auf dich in der Hütte

Gott neu begegnen

EINLEITUNG

GOTT NEU ENTDECKEN

In dem Roman *Die Hütte* erzählt William P. Young von einem Wunder. Mack, die Hauptperson, macht sich mitten aus einer quälenden, schmerzhaften Lebenssituation heraus auf den Weg, Gott zu begegnen. Er erlebt tiefe Veränderung, Trost für schmerzende Wunden, findet Antworten auf manche Lebensfragen und neue Hoffnung.

„So etwas möchte ich auch einmal erleben“, hat sicher der eine oder andere Leser gedacht. Vielleicht geht es dir auch so. Du sehnst dich danach, Gott (wieder) zu begegnen – und hast möglicherweise gleichzeitig Angst davor. Oder vielleicht denkst du: „Es wäre schön, wenn Gott wirklich so wäre, wie er in *Die Hütte* beschrieben ist, aber wie kann ich das wissen?“ Gleichzeitig ist da auch ein Fünkchen Hoffnung in dir.

Du ahnst, dass es sich lohnen könnte, Gott zu suchen – vielleicht. Es könnte ja sein, dass bei ihm Trost und Hilfe und Heilung zu finden sind. Und: Vielleicht ist Gott ja tatsächlich da – und wartet nur auf dich?

Ich kenne beides: Zeiten, in denen Gott für mich so wenig spürbar war, dass ich dachte, ich hätte ebenso gut mit meiner Stehlampe reden können. Ich war traurig, enttäuscht und habe mich gefragt, was bei mir oder Gott falsch ist. Ich kenne auch Zeiten, die mein Innerstes so tief und so persönlich berührt haben, dass ich mir diese Erfahrungen nur als Begegnungen mit einer liebevollen Persönlichkeit – Gott selbst – erklären kann.

Wunder können wir nicht machen. Aber vielleicht ein wenig den Raum für sie öffnen. Dieses Büchlein bietet dir kein Patentrezept an, wie du Gott begegnen kannst. Jeder Weg zu ihm und mit ihm ist einzigartig und persönlich. Aber es gibt Impulse, die helfen können, uns für ihn zu öffnen und ihn wahrzunehmen. Manche dieser Impulse sind inspiriert durch Bücher wie *Die Hütte* und andere, viele stammen auch aus meiner Erfahrung als Mensch, Christ und Coach.

Ich kann dir nicht garantieren, dass du Gott begegnen wirst – das liegt nicht in unserer Hand. Ich erwarte jedoch, dass du auf dem Weg der Öffnung und Begegnung auf jeden Fall bereichernde und beglückende Erfahrungen machen wirst.

Noch etwas: In diesem Büchlein schildere ich viel Persönliches. Deshalb war mir das „Sie" zu steif und distanziert. Ich hoffe, es ist okay, wenn ich Sie, also dich, mit „du" anspreche.

Ich wünsche dir viel Freude beim Lesen, Nachdenken und Ausprobieren. Und vor allem neue, belebende Begegnungen mit Gott, dir selbst und anderen Menschen.

Von Herzen,

Kerstin Hack

P.S. Du kannst bei Fragen gerne Kontakt mit mir aufnehmen – auch, wenn du mir Feedback geben oder von deinen Erfahrungen berichten möchtest: info@kerstinhack.de

WIE FANGE ICH AN?

Wie du dieses Buch liest, ist ganz dir überlassen. Du kannst täglich einen Abschnitt lesen. Oder du nimmst es zu einem Wochenende oder einer längeren Zeit der Begegnung mit Gott mit und lässt dich davon inspirieren. Die einzelnen Abschnitte können fortlaufend oder auch separat gelesen werden. Du kannst gern mit dem Thema anfangen, das dich am meisten bewegt. Wenn dich ein Text besonders anspricht, lies ihn ruhig mehrfach. Wenn dich etwas stört, ist das auch okay.

- Nimm dir Zeit, über aufkommende Fragen nachzudenken und sie ehrlich zu beantworten. Was schriftlich ist, wird konkret. Deshalb empfehle ich dir, deine Gdanken aufzuschreiben und dir auch Notizen zu machen, wie du Handlungsimpulse umsetzen möchtest.
- Lies die Texte gemeinsam mit deinem Partner, Freunden, einer Gruppe und sprich mit ihnen darüber. Ihr werdet feststellen, dass vieles im Gespräch klarer wird und tiefer geht.
- Aus Platzgründen konnte ich einige Texte nur verkürzt zitieren. Lies den zitierten Text am besten im Zusammenhang.
- Wer passiv konsumiert, bleibt passiv. Frage dich nach jedem Lesen: Wenn ich jemandem erzählen würde, was der wichtigste Impuls für mich war – was würde ich ihm oder ihr sagen?
- Nimm dir einige Minuten Zeit, um mit Gott oder Menschen über das Gelesene zu reden – dadurch wird es besser verankert.
- Bleib gelassen. Änderungen geschehen nicht von heute auf morgen. Erlaube dir selbst, in deinem eigenen Tempo zu lernen und dich zu verändern.
- Freu dich über jeden kleinen Schritt der inneren Öffnung und Veränderung, den du erlebst.

ICH WILL MICH AUFMACHEN
UND ZU MEINEM VATER GEHEN.

LUKAS 15,18

DAS WUNDERBARSTE AN WUNDERN IST,
DASS SIE MANCHMAL WIRKLICH GESCHEHEN.

AUTOR UNBEKANNT

ES WÄRE WUNDERBAR 1

Manchmal braucht man einfach ein Wunder. So eines, wie Mack es erlebt hat, dem Gott neu begegnet ist – durch alle Schichten von Angst und Abwehr hindurch. Ein Wunder: Der Schnee und die innere Eiseskälte schmelzen und alles blüht wieder auf. Obwohl wir uns Wunder wünschen, wagen wir nicht, davon zu träumen. Oder haben gar keine genaue Vorstellung davon, was wir uns eigentlich wünschen. Aber vielleicht ist das Nachsinnen darüber, was ein Wunder in deinem Leben bewirken könnte, der erste Schritt, um etwas Wunderbares zu erleben.

Wie könnte dein Wunder aussehen?

Stell dir mal vor, du gehst heute Abend schlafen und über Nacht passiert ein Wunder. Alle Blockaden und Hindernisse sind weg und du kannst Gott so begegnen, wie du es dir immer gewünscht hast. Nur – weil es über Nacht passiert ist, weißt du gar nicht, dass ein Wunder geschehen ist. Niemand hat es dir gesagt.

Wenn du am nächsten Morgen aufwachst:

- Woran würdest du erkennen, dass das Wunder geschehen ist?
- Was wäre anders in deinen Gedanken?
- Was wäre verändert in deinen Emotionen?
- Was würdest du anders tun?
- Woran würden andere Menschen merken, dass das Wunder geschehen ist?

Lass dir Zeit, dir das ausführlich auszumalen und dein Wunder in allen Facetten zu betrachten. Und: Vielleicht gab es ja sogar in letzter Zeit ein paar Momente, die ein bisschen wie ein Wunder waren? Kannst du dich erinnern?

ER KOMMT DIR ENTGEGEN

2

In der Bibel wird uns Gott als liebevoller Vater beschrieben, der den Wunsch hat, seinen Kindern nahe zu sein und ihnen zu begegnen. Er versucht auf viele Arten und Weisen, zu Menschen zu sprechen: durch die Schöpfung, durch Menschen, die prophetisch und visionär Anderen seine Impulse und sein Herz nahe bringen. Und durch Jesus, in dem Gott uns Menschen als Mensch nah kam. Viele seiner Zeitgenossen konnten Gott in Jesus gar nicht wahrnehmen. Sie hatten erwartet, dass der Allerhöchste deutlicher, lauter, beeindruckender auftritt.

Heute geht es uns nicht anders. Wir nehmen Gottes unscheinbare Spuren im Leben manchmal nicht wahr, weil wir eindeutigere Signale erwarten. Oder wir sind so sehr vom Leistungsdenken geprägt, dass wir denken, alles hängt an uns – sogar unsere Beziehung zu Gott. Wir glauben, wir müssten auch in der Beziehung zu Gott etwas beweisen. Wir versuchen, durch Ernsthaftigkeit, Pilgerreisen, Gebete, gute Vorsätze oder sonstige Anstrengungen zum Ausdruck zu bringen, dass wir es mit unserer Suche nach Gott ernst meinen. Wie Kinder, die meinen, sie müssten erst ihr Zimmer aufräumen und alle Hausaufgaben machen, bevor sie ihrem Vater begegnen können.

Für uns ist es oft schwer zu begreifen und zu glauben, dass Gott uns entgegen kommt. Aber Jesus beschreibt Gott als einen Vater, der seinen Kindern entgegen geht. Nein, er geht nicht – er rennt! Gott öffnet sich dir.

GOTT KOMMT DIR ENTGEGEN,
UM DICH ZU LIEBEN.

MADELEINE DELBREL

ICH BIN GEKOMMEN, UM DIR DAS LEBEN ZU

JESUS ZU MACK IN „DIE HÜTTE", S. 172

SCHENKEN, DAS WAHRE LEBEN, MEIN LEBEN.

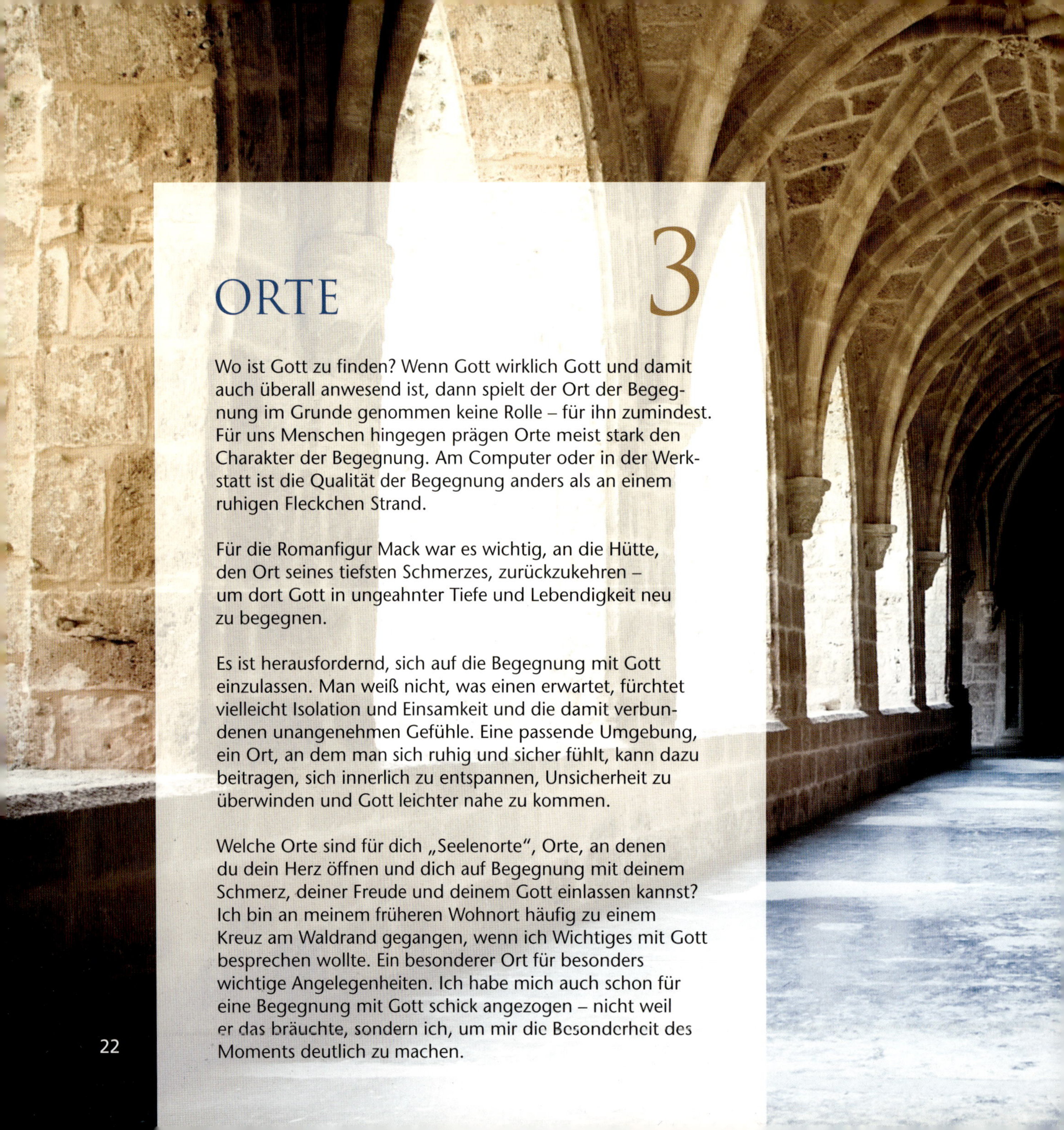

ORTE

3

Wo ist Gott zu finden? Wenn Gott wirklich Gott und damit auch überall anwesend ist, dann spielt der Ort der Begegnung im Grunde genommen keine Rolle – für ihn zumindest. Für uns Menschen hingegen prägen Orte meist stark den Charakter der Begegnung. Am Computer oder in der Werkstatt ist die Qualität der Begegnung anders als an einem ruhigen Fleckchen Strand.

Für die Romanfigur Mack war es wichtig, an die Hütte, den Ort seines tiefsten Schmerzes, zurückzukehren – um dort Gott in ungeahnter Tiefe und Lebendigkeit neu zu begegnen.

Es ist herausfordernd, sich auf die Begegnung mit Gott einzulassen. Man weiß nicht, was einen erwartet, fürchtet vielleicht Isolation und Einsamkeit und die damit verbundenen unangenehmen Gefühle. Eine passende Umgebung, ein Ort, an dem man sich ruhig und sicher fühlt, kann dazu beitragen, sich innerlich zu entspannen, Unsicherheit zu überwinden und Gott leichter nahe zu kommen.

Welche Orte sind für dich „Seelenorte", Orte, an denen du dein Herz öffnen und dich auf Begegnung mit deinem Schmerz, deiner Freude und deinem Gott einlassen kannst? Ich bin an meinem früheren Wohnort häufig zu einem Kreuz am Waldrand gegangen, wenn ich Wichtiges mit Gott besprechen wollte. Ein besonderer Ort für besonders wichtige Angelegenheiten. Ich habe mich auch schon für eine Begegnung mit Gott schick angezogen – nicht weil er das bräuchte, sondern ich, um mir die Besonderheit des Moments deutlich zu machen.

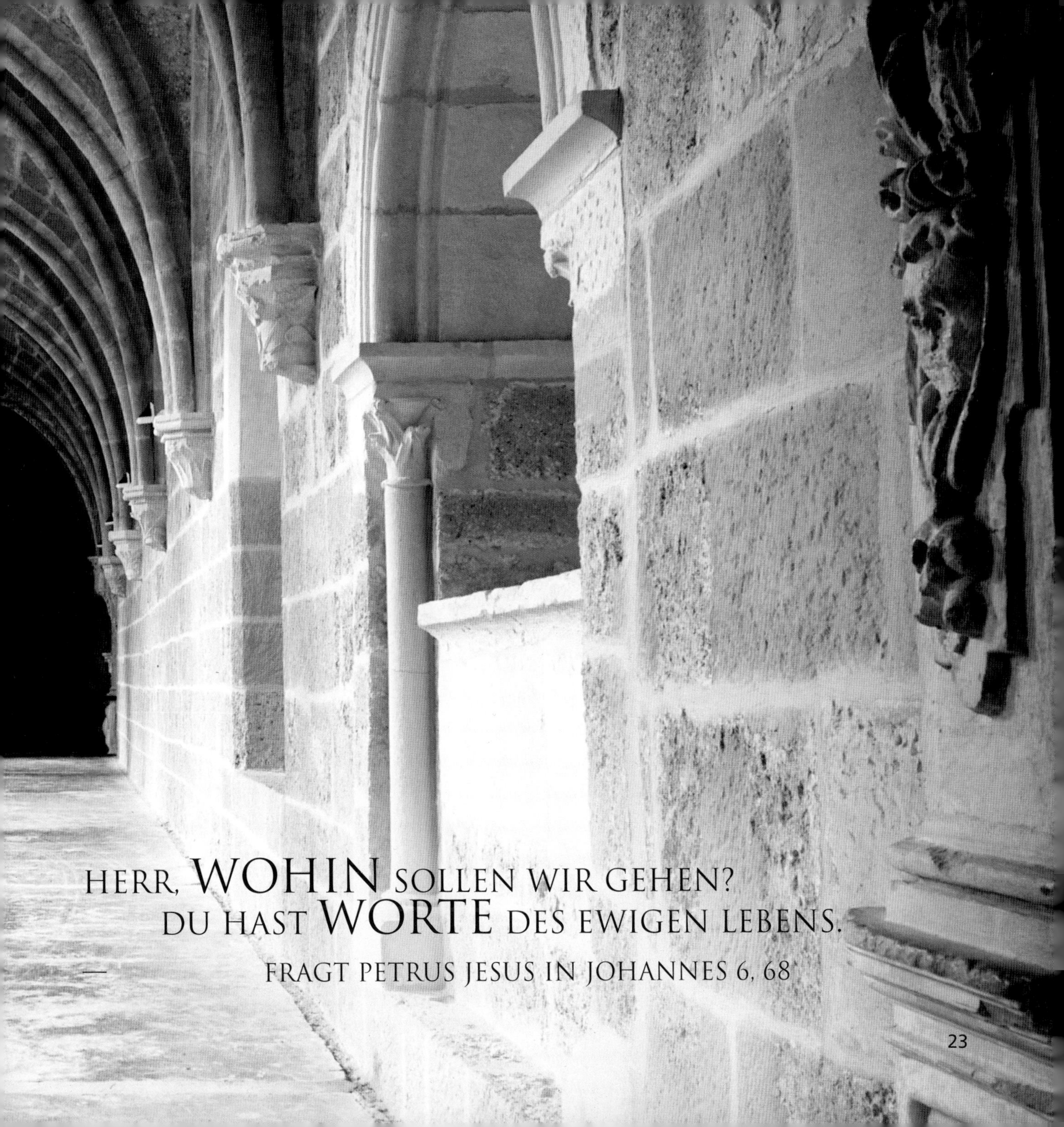

HERR, WOHIN SOLLEN WIR GEHEN?
DU HAST WORTE DES EWIGEN LEBENS.

— FRAGT PETRUS JESUS IN JOHANNES 6, 68

DER GRÖSSTE GEGNER INTIMER NÄHE ZU GOTT
IST DER DIENST FÜR IHN.

DALLAS WILLARD

ERFOLGREICH VERHINDERN 4

Manchmal haben wir – ohne es zu wollen – erfolgreich Strategien entwickelt, die genau das verhindern, wonach wir uns eigentlich sehnen. Manche Menschen sehnen sich nach Beziehung und Partnerschaft. Sie ziehen sich aber aus Angst vor Ablehnung zurück oder stürzen sich so in die Arbeit, dass weder im Kopf noch im Terminkalender Raum für Begegnungen bleibt.

Mit Gott machen wir das manchmal unbewusst genauso. Ein Teil von uns sehnt sich nach Begegnung mit ihm, der andere torpediert genau diesen Wunsch. Im Roman *Die Hütte* sehnte sich Mack nach Antworten, einer Begegnung mit Gott, die in seinem Leben wirklich etwas verändern würde. Die Frustration darüber, dass der Glaube in seinem Leben bisher zu wenig Positivem geführt hatte, war so groß, dass er es kaum mehr wagte, sich auf Gott einzulassen. Für lange Zeit zog er sich in einen stoischen, gefühllosen Glauben zurück und ignorierte dabei die zunehmende Trennung von Gott.

Andere Menschen haben andere Strategien, um sich Gott „vom Leibe zu halten". Sie sperren sich und ihn in enge Glaubensdogmen und religiöse Pflichtkataloge ein, sie ignorieren ihn, halten sich beschäftigt, klagen ihn an oder sind so mit dem Dienst für ihn beschäftigt, dass die Arbeit für ihn die Begegnung mit ihm erfolgreich vereitelt.Und verhindern damit genau das, was sie eigentlich im tiefsten Inneren wollen: eine Begegnung mit Gott, die sie tröstet, stärkt, belebt und erneuert.

5

DER ANGST
INS AUGE SCHAUEN

Menschen sagen oft, dass sie Angst vor bestimmten Situationen haben. Ganz präzise ist das nicht. Wir fürchten in der Regel nicht die Situation, sondern die damit verbundenen Gefühle. Wir fürchten nicht den Zahnarzt, sondern den Schmerz, den er verursachen könnte. Wir haben keine Angst vor der Prüfung, sondern viel mehr vor dem Gefühl der Unsicherheit. Wir fürchten nicht die Abfuhr, sondern das Gefühl der Minderwertigkeit ... und so weiter.

Viele Menschen haben Angst vor der Begegnung mit Gott. So wie Mack, als er die Einladung von Papa-Gott bekam. Mack hatte Angst davor, den eigenen Schmerz erneut zu spüren. Außerdem fürchtete er, Gott oder ein grausamer Witzbold hätte sich einen Scherz erlaubt und eine Begegnung wäre gar nicht möglich. Er fürchtete, dass er sich nach einem weiteren erfolglosen Versuch der Gottesbegegnung noch einsamer, hilfloser und verlassener fühlen würde, als es ohnehin schon der Fall war.

Meine größte Angst vor Zeiten, in denen ich Gott begegnen möchte, ist die, dass ich ihn nicht wahrnehmen kann, sondern statt dessen denke und fühle, ich würde gegen eine Wand reden. Das löst bei mir tiefe Gefühle von Hilflosigkeit aus. Ich beneide Menschen, die sich leicht damit tun, Gott wahrzunehmen. Was mir hilft ist, meiner Angst ins Gesicht zu sehen und ehrlich mit Gott darüber zu reden:

„Ich will Zeit mit dir verbringen, aber ich habe große Angst davor, dass ich dir nicht begegne und mich dann hilflos fühle. So ist es. Bitte nimm es und mach etwas Gutes daraus."

DIE ANGST SETZT DIE GRENZEN.

INGMAR BERGMANN

MEINE ABSICHT IST ES,
AUS DEM TOD LEBEN HERVORZUBRINGEN,
AUS GEBROCHENHEIT FRIEDEN ZU ERZEUGEN
UND DUNKELHEIT IN LICHT ZU VERWANDELN.

PAPA ZU MACK IN „DIE HÜTTE“, S. 221

MANCHE DINGE,
DIE ICH ANFANGS FÜR GUT HIELT,
ERWIESEN SICH SPÄTER
ALS FURCHTBAR ZERSTÖRERISCH.

MACK IN „DIE HÜTTE“, S. 154

GUT ODER SCHLECHT? 6

Ein armer Bauer in China hatte nur wenig Eigentum, aber er besaß sieben wunderschöne, weiße Pferde. Sie waren sein ganzer Stolz. Eines Nachts ließ sein Sohn versehentlich das Gatter offen und die sieben Pferde rissen aus. Die Nachbarn des Bauern kamen zu ihm und sagten: „Welch ein Unglück hat dich getroffen!" Er antwortete: „Ein Unglück oder ein Glück – wer will es sagen?"

Vierzehn Tage später kamen die Pferde von selbst zurück und brachten sieben Wildpferde mit. Die Nachbarn freuten sich mit dem Bauern: „Welch ein Glück hat dich getroffen!" Er lächelte und antwortete: „Ein Glück oder ein Unglück – wer will es sagen?"

Eine kleine Weile später warf eines der jungen Pferde den Sohn des Bauern ab, als er es zureiten wollte. Er brach sich das Bein und sein Vater war in der Erntezeit ganz auf sich allein gestellt. Wieder kamen die Nachbarn und sagten: „Welch ein Unglück hat dich getroffen!" Und wieder antwortete der Bauer: „Ein Glück oder ein Unglück – wer will es sagen?"

Kurze Zeit darauf zogen die kaiserlichen Truppen alle wehrfähigen jungen Männer für den harten Krieg an der Grenze ein – alle bis auf den Sohn des Bauern mit dem gebrochenen Bein. Die Nachbarn kamen und sagten ...

Nein, mit dieser Geschichte will ich nicht sagen, dass jedes Unglück sich zum Glück wendet. Das tut es leider nicht. Das Leben ist anders. Ich will nur sagen, dass wir nicht immer alles sehen und dass die Geschichte, auch deine, immer noch weitergeht.

MEIN GUTES RECHT

7

Die größten Krisen in meinem Glauben hatte ich immer dann, wenn ich dachte, Gott müsste etwas für mich tun, und er meinen Erwartungen nicht entsprochen hat. Meine Reaktion darauf waren tiefe Traurigkeit, Hilflosigkeit und viel Wut. Oft reagierte ich auch mit Rückzug. Mit einem Gott, der mir nicht hilft, mich nicht beschützt, mir nicht beisteht, wollte ich letztlich nichts zu tun haben. Wie sollte ich mich auf ihn verlassen, wenn ich in einer entscheidenden Situation seine Hilfe offensichtlich nicht erlebt hatte?

Situationen, in denen man erwartet, dass Gott etwas Bestimmtes tut und das Erwartete dann nicht eintrifft, können uns sehr irritieren. Du fragst dich: Hätte ein liebender Gott nicht mein Kind beschützen, meine Ehe retten, meinen Arbeitsplatz erhalten müssen?

Wenn ich glaube, ich hätte ein Recht auf eine bestimmte Hilfestellung Gottes, und diese dann nicht erlebe, bringt mich das in Distanz – zu mir und zu Gott.

Sarayu formuliert es in *Die Hütte* so: „Die Rechte sind das, worauf die Überlebenden pochen, damit sie sich nicht mit ihren Beziehungen auseinander setzen müssen." Der Blick auf Rechte ist meist rückwärts gewandt: „Er hätte das tun sollen!" Das versperrt den Blick auf das, was ich jetzt möchte und brauche. Möglicherweise löst sich für dich viel, wenn du vermeintliche Rechte loslassen kannst und mit Gott über das sprichst, was jetzt ist. „Bitte hilf mir, mit dem umzugehen, was mich jetzt bewegt – und weh tut. Ich brauche jetzt deine Nähe."

EIN KIND WIRD BESCHÜTZT,
WEIL ES GELIEBT WIRD, NICHT WEIL ES
EIN RECHT HAT, BESCHÜTZT ZU WERDEN.

SARAYU ZU MACK IN „DIE HÜTTE“, S. 156

ER BIRGT MICH IN SEINER HÜTTE.

PSALM 27,5

UNERWARTET 8

Jona, der Prophet, schäumte vor Wut. Er hatte erwartet, dass Gott die Menschen in Ninive für ihr gottloses Leben bestrafen würde. Und nun: Gott verzeiht ihnen. Jona ist stinksauer. Auf Gott.

Ärger – auf Gott oder Menschen – kommt von unerfüllten Erwartungen. Hierzulande erwarte ich, dass Autofahrer Rücksicht nehmen. Ein wilder Fahrstil ärgert mich. Im Libanon habe ich nicht erwartet, dass man zurückhaltend fährt. Dort war ich auch nicht sauer, als Leute es nicht getan haben, sondern habe es vielmehr genossen, selbst wild und dynamisch fahren zu können.

Manche Menschen ärgern sich über Gottes Geduld mit „bösen" Menschen, andere sind zutiefst verwirrt und enttäuscht, wenn Gott ihnen in schwierigen Situationen nicht erkennbar hilft. Wieder andere empören sich über seine scheinbare Nachlässigkeit in Bezug auf das Leid in der Welt. Andere sind frustriert, dass er ihre Gebete nicht in der Form erhört, wie sie es erbeten haben.

Sie alle haben bestimmte Erwartungen an Gott, die er aber offensichtlich nicht erfüllt. Er ist Gott und muss nicht alle unsere Erwartungen erfüllen – nicht einmal dann, wenn sie uns tief bewegen. Jona brachte seinen ganzen Ärger vor Gott zum Ausdruck. Gott reagierte, indem er ihm durch ein Erlebnis aufzeigte, was hinter seinen Erwartungen stand. Jona kam nicht damit klar, dass Gott mitfühlte und seine Absichten änderte.
Er wollte einen Gott haben, der vorhersehbar ist. Und Gott zeigte sich ihm – neu, anders und unerwartet.

IN SEINER GROSSEN BARMHERZIGKEIT
ZERSTÖRT GOTT UNSERE
BESTEN KONZEPTE VON IHM.

C. S. LEWIS

ES IST BESSER,
DAS ZU ÜBERSCHLAFEN,
WAS DU ZU TUN BEABSICHTIGST,
ALS DICH VON DEM WACH HALTEN
ZU LASSEN, WAS DU GETAN HAST.
SPRICHWORT DER IGBO

BEGRENZUNGEN 9

Die Hütte beschreibt, wie unendlich schwer es für Mack ist, damit klar zu kommen, dass er seine Tochter Missy vor dem Gewaltverbrecher nicht retten konnte. Immer wieder verfolgt ihn die Frage, wieso er sie nicht schützen konnte.

Es gibt nur wenig, was so schwer zu ertragen ist wie eigene Begrenzungen. Wir wissen nicht alles – und sind deshalb oft erst hinterher klüger. Auch unsere Kraft ist begrenzt.

Als ein Vater in Thailand den Tsunami auf sich zukommen sah, rettete er sich mit seiner Tochter im Arm auf einen Baum. Ein herabfallender großer Ast brach seinen Arm und schlug ihm das Baby aus der Hand. Die Wellen rissen es mit sich fort. Ich habe geweint, als ich das las. Wie schmerzhaft muss es für den Vater gewesen sein, seine Tochter zu verlieren – und zu spüren, dass seine Kraft nicht ausreichte, um der Natur zu widerstehen. Wir reagieren auf die Konfrontation mit unseren Begrenzungen oft mit Grübeln.

Wir denken: „Ach, hätte ich doch ... ach, wäre ich nur ... wenn ich nur ...“ Oder mit Vorwürfen an Gott und andere. „Ach, hätte er doch nur ...!“ Damit versuchen wir, die Grenzen zu leugnen. Wir wollen nicht wahrhaben, dass wir etwas nicht können, wollen wenigstens in Gedanken das Geschehene ungeschehen machen. Es kann hilfreich und heilend sein, die Trauer über unsere Begrenzungen zuzulassen.

„Das habe ich nicht gewusst, nicht ahnen können ... und darüber bin ich traurig.“ „Das lag außerhalb meiner Macht. Das bedrückt mich.“ Grenzen einzugestehen erleichtert.

AUS DEM, WAS WIE EIN
SCHRECKLICHES DURCHEINANDER AUSSIEHT,
WEBT PAPA EINEN GROSSARTIGEN,
WUNDERBAREN TEPPICH.

JESUS ZU MACK IN „DIE HÜTTE“, S. 203

HINSEHEN 10

Manchmal fühlt sich das Leben so an, als säße man in einer Höhle, vor deren Eingang gerade ein Erdrutsch abgegangen ist. Geröll und Steine versperren den Weg nach draußen. Man sitzt da – verängstigt, ohne Hoffnung, dass die Schreie um Hilfe gehört werden.

Oft fängt man in solchen Situationen an, sich zu fragen: „Warum ist das geschehen? Wie konnte das nur passieren? Warum ausgerechnet mir?“

Das Schreckliche an diesen Fragen ist, dass sie keine Antwort finden. Das ist logisch. Eine Antwort braucht ein Gegenüber. Wenn wir uns die Frage nach dem „Warum?“ stellen, werden wir immer nur die Antworten bekommen, die unser System uns gibt. Wir werden die gleichen alten Überzeugungen zu hören bekommen, die wir schon immer hatten. Das hilft meist nicht weiter.

Hilfreicher könnte es sein, sich die Frage zu stellen: „Was will ich jetzt tun?“ Die Antworten darauf können sehr vielseitig sein.

Vielleicht möchtest du erst einmal dem Schmerz Ausdruck verleihen, der in dir ist – trauern und weinen über Verluste.

Vielleicht möchtest du die Lage, in der du dich befindest, genauer ansehen, die Steine betrachten, die dir den Weg nach „draußen“ versperren und überlegen, welche davon du anpacken möchtest.

Vielleicht möchtest du dir auch einfach Zeit lassen und die Begegnung mit Gott und/oder Menschen suchen, denen du vertraust und sie vorsichtig nach ihrer Perspektive fragen: „Was meint ihr, was wäre jetzt gut für mich?“

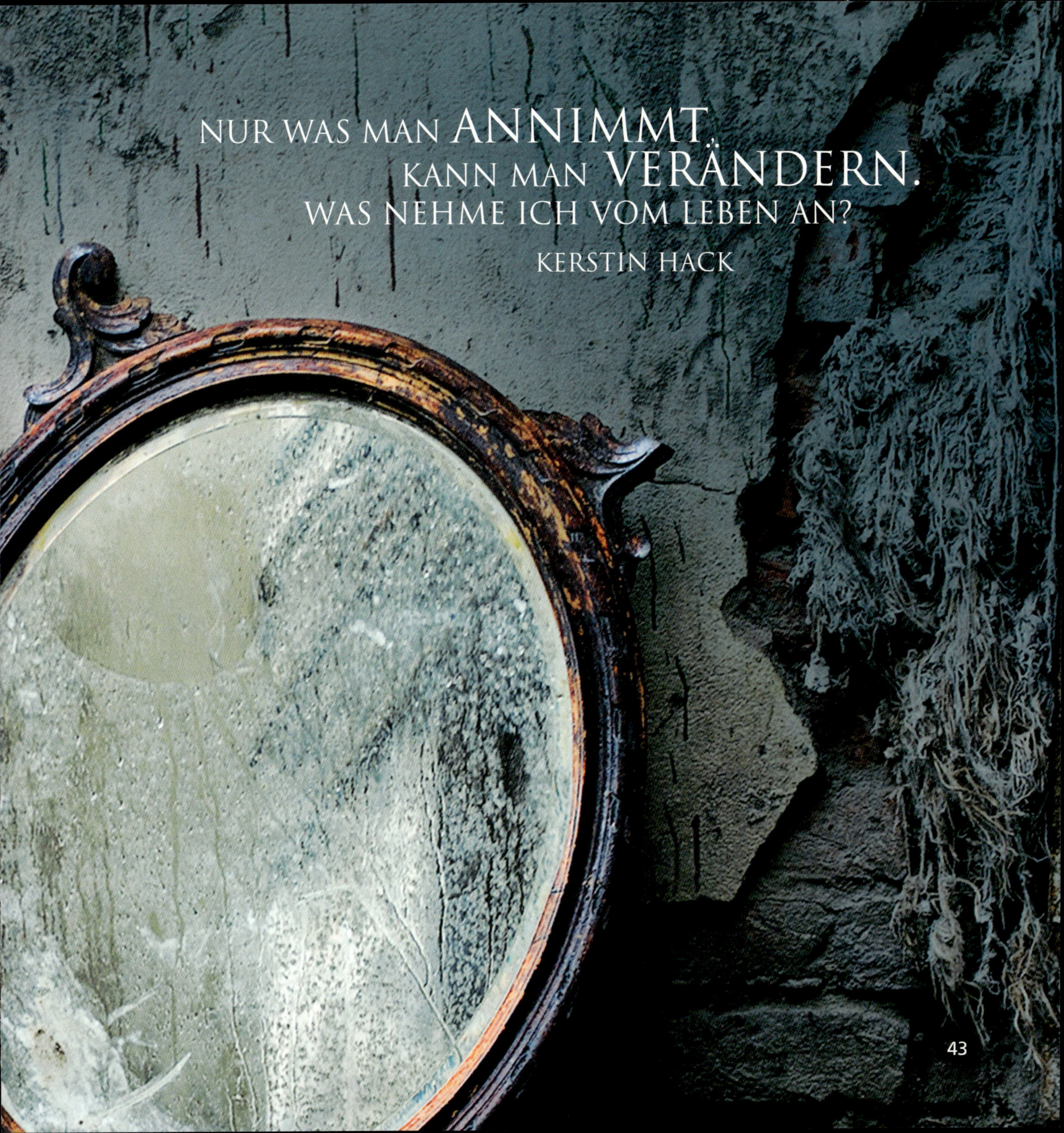

NUR WAS MAN ANNIMMT,
KANN MAN VERÄNDERN.
WAS NEHME ICH VOM LEBEN AN?

KERSTIN HACK

KINDHEIT UND JUGEND
IST DIE ZEIT, MIT DER WIR
DEN REST UNSERES LEBENS
ZURECHTZUKOMMEN VERSUCHEN.

HOLGER FRANKE

NEUER ALTER SCHMERZ 11

In unserer Kindheit und Jugend haben wir emotionale Sicherheit aufgebaut: Wir vertrauen idealerweise uns selbst, Gott und dem Leben. Aber es gibt auch Bereiche, die aufgrund schwieriger Erfahrungen instabil und verletzlich sind. Neuer Schmerz berührt immer die gleichen alten Wunden – und die sind bei jedem Menschen verschieden.

Ein Mensch, der am Arbeitsplatz Mobbing erlebt, ist zutiefst verärgert über die erlebte Ungerechtigkeit. Ein anderer fühlt sich in der gleichen Situation einsam und hilflos. Und der Dritte ist voller Angst. Die gleiche Situation löst unterschiedliche Gefühle aus – je nachdem, in welche Kerben sie bei dem Einzelnen schlägt.

Neuer Schmerz kann meist erst dann heilen, wenn wir es wagen, den alten Schmerz anzusehen, der uns und unser Bild von der Welt geprägt hat. Es ist wie bei einem Musikinstrument: Wenn eine bestimmte Saite angeschlagen wird, dann kommen auch andere Saiten ins Schwingen. Wer da genau hinhört, kann die Grundmelodie seines Lebens hören. Wenn man erst einmal benennen kann, was genau es ist, das uns anrührt, dann kann man Schmerz auch leichter lösen.

- Was sind meine häufigsten Empfindungen und Gedanken, wenn ich Schwieriges und Schmerzhaftes erlebe?
- Was denke ich über mich, über das Leben und über Gott?
- Wo sind mir diese Gedanken und Gefühle zum ersten Mal begegnet?

ICH VERBRINGE WENIG ZEIT
IN DER GEGENWART.
ICH HALTE MICH VIEL
IN DER VERGANGENHEIT AUF,
ABER DIE ÜBRIGE ZEIT VERBRINGE ICH DAMIT,
MIR GEDANKEN ZU MACHEN,
WAS MICH IN DER ZUKUNFT ERWARTET.

MACK ZU JESUS IN „DIE HÜTTE", S. 162

HIER UND JETZT

12

Gott kann man nur in der Gegenwart begegnen. Er hat die Vergangenheit geschaffen und wird auch in der Zukunft da sein. Aber begegnen kann man ihm nur im Hier und Jetzt.

Mir passiert es immer wieder, dass ich denke: „Ach, hätte ich …“ oder „Ach, hätte Gott doch …“ Aber die Vergangenheit lässt sich nicht mehr lösen. Sie ist unwiederbringlich vorbei. Ab und zu träume ich von der Zukunft: „Ach, wäre doch schon …“ Ein bisschen Rückblick und Träumen kann entspannen und wohltun, aber wenn ich mich zu sehr mit dem beschäftige, was nicht mehr oder noch nicht ist, raubt mir das die Kraft und Lebensfreude.

In Phasen von Schmerz und Traurigkeit über das, was noch nicht oder nicht mehr ist, hilft es, sich bewusst wieder auf die Gegenwart auszurichten. Das kann man am besten tun, indem man sich fragt: „Was brauche ich jetzt? Was möchte ich, dass Gott für mich tut? Worum möchte ich ihn jetzt bitten?“

Das kann ganz verschieden sein. Vielleicht brauche ich Stärkung, um etwas zu lernen, was ich bisher nicht konnte. Möglicherweise wünsche ich mir Trost oder neuen Mut, auf Menschen zuzugehen. Vielleicht habe ich auch gar keine Erwartungen an Gottes Handeln. Es tut mir einfach nur gut, ihm zu sagen, wie ich mich jetzt gerade fühle, was mir zu schaffen macht. Ich kann entspannen, wenn ich darauf vertraue, dass er mir mit offenem Ohr und Herzen zuhört. Denn er möchte genau wie ich Gemeinschaft und Austausch haben!

VERTRAUEN IST DIE FRUCHT EINER BEZIEHUNG,

SARAYU ZU MACK IN „DIE HÜTTE“, S. 144

IN DER DU WEISST, DASS DU GELIEBT WIRST.

ALLES LEBEN IST BEGEGNUNG.
ICH WERDE AM DU.

MARTIN BUBER

BEGEGNUNG 13

Ohne Austausch sterben wir. Das fängt schon mit dem Atmen an. Würden wir nur unseren eigenen Atem einatmen, würden wir in Kürze sterben. Wir brauchen frische Luft.

Was für das physische Überleben gilt, gilt auch für geistiges, emotionales und geistliches Wohlergehen. Ohne Austausch geht uns früher oder später die Luft aus. In Krisenzeiten neigen wir jedoch alle dazu, uns zurückzuziehen, uns abzuschotten und erst einmal für uns zu sein. Das ist eine gesunde Reaktion.

Vor einer Weile musste ich eine Reihe von schmerzhaften Zahnbehandlungen über mich ergehen lassen. Irgendwann hat mein Kiefer dabei beschlossen: „Den Schmerz will ich nicht mehr!" Er hat einfach blockiert. Ich konnte den Mund nicht mehr öffnen. Das hatte den Vorteil, dass der Zahnarzt nicht mehr in den Mund greifen und mir weh tun konnte. Es hatte aber auch den Nachteil, dass ich den Mund auch nicht mehr zum Essen aufmachen konnte. Ich musste ganz vorsichtig neu lernen, den Mund wieder zu öffnen. Erst ein bisschen, dann immer weiter.

Ähnlich geht es uns, wenn wir uns bewusst oder unbewusst – weil der Schmerz einfach so groß ist – vor Gott und Menschen verschließen. Für eine Weile hilft das, weiteren Schmerz zu vermeiden. Aber Abhilfe schafft nur eines: sich für das Öffnen zu entscheiden und dann das Öffnen ganz vorsichtig und langsam wieder einzuüben.

DAS BESTE GESPRÄCH

14

Dieser Satz drückt eine tiefe Sehnsucht aus: Ich wünsche mir, dass Menschen bereichert und beschenkt werden, wenn sie mir begegnen, dass sie inspiriert werden, Hilfe empfangen oder die Zeit mit mir einfach „nur" als wohltuend und angenehm erleben. Das ist jedoch nicht immer der Fall. Manchmal bin ich verschlossen, selbstbezogen und ängstlich. Dann ist es für andere nicht unbedingt bereichernd, mir zu begegnen.

In *Die Hütte* wird beschrieben, wie Mack nach seiner Begegnung mit Gott noch mehr als zuvor auf eine stille, angenehme Art für andere Menschen bereichernd ist. Dies war sicher nicht der Zweck der Begegnung mit Gott – sie war zuallererst und vor allem ein Geschenk an ihn selbst, Trost für seine Schmerzen und Antwort auf manche Fragen. Aber jede lebendige Begegnung wirkt sich auf andere aus. Wo Leben fließt, fließt es weiter. Du musst das nicht produzieren oder machen – das geht gar nicht; wie sollst du denn Leben machen? Es geht vielmehr darum, das Leben zuzulassen, sich darauf einzulassen und es durch dich fließen lassen.

Ich hoffe, dass du in der Zeit, in der du dich mit diesem Buch beschäftigt hast, bereichernde Begegnungen mit Gott, dir selbst und anderen erlebt hast. Wenn du magst, kannst du mir davon erzählen.

Ich wünsche dir, dass es weitergeht und du dich immer mehr dem Leben und Gott selbst öffnen kannst, so dass Gottes Liebe durch dich andere berührt.

ER IST ZU EINEM DIESER
SELTENEN MENSCHEN GEWORDEN,
DIE SICH WIRKLICH IN SICH ZU HAUSE FÜHLEN.
ICH FÜHLE MICH IN SEINER GEGENWART
ZU HAUSE WIE BEI NIEMANDEM SONST.

WILLIE ÜBER MACK IN „DIE HÜTTE“, S. 14

DER GLAUBE WEISS NIEMALS, WOHIN ER GEFÜHRT WIRD,

OSWALD CHAMBERS

ABER ER KENNT UND LIEBT DEN EINEN, DER FÜHRT.

WEITERFÜHRENDE FRAGEN

1 ES WÄRE WUNDERBAR

Woran würdest du erkennen, dass sich dein Leben so verändert hat, wie du es dir wünschst?

2 ER KOMMT ENTGEGEN

Wo in deinem Leben könnte es sein, dass Gott dir schon begegnet ist? Wo und wie nimmst du ihn wahr?

3 ORTE

An welchen Orten fällt es dir besonders leicht, dich innerlich für die Begegnung mit Gott zu öffnen?

4 ERFOLGREICH VERHINDERN

Stell dir vor, Gott möchte dir begegnen. Was müsstest du tun, um genau das erfolgreich zu verhindern?

5 DER ANGST INS AUGE

Vor welchen Gefühlen hast du in Bezug auf Begegnung mit Gott am meisten Angst?

6 GUT ODER SCHLECHT?

Von welchen Ereignissen sagst du: „Sie sind schlecht“? Was genau meinst du damit?

7 MEIN GUTES RECHT

Vor welchem Schmerz oder Leid hätte Gott dich deiner Meinung nach bewahren müssen?

8 UNERWARTET

Was ärgert oder frustriert dich gerade an Gott?
Welche Erwartung steckt dahinter?

9 BEGRENZUNGEN

Welche deiner Begrenzungen sind für dich besonders schmerzhaft?

10 HINSEHEN

Wie siehst du deine Lebenssituation?
Was möchtest du jetzt tun?

11 NEUER ALTER SCHMERZ

Was bräuchtest du, um über die jetzige oder damalige Situation anders fühlen und denken zu können?

12 HIER UND JETZT

Was würdest du antworten, wenn Gott dich fragt: „Was möchtest du jetzt von mir?“

13 BEGEGNUNG

Woran würdest du und würden andere erkennen, dass du dich Gott und Menschen wieder mehr geöffnet hast?

14 DAS BESTE GESPRÄCH

Was zeichnet für dich Menschen aus, denen du gern begegnest?

EINE WOCHE MIT GOTT –
EIN PERSÖNLICHER ERFAHRUNGSBERICHT.

Kerstin Hack:

Die Hütte und ich

Gott neu vertrauen – eine Reise

Inspiriert durch das Buch »Die Hütte« machte sich Kerstin Hack für eine Woche auf den Weg in ihre eigene Hütte – eine kleine Wohnung in Antwerpen. Sie suchte nach einer neuen Begegnung mit Gott und nach Antworten auf drei große Fragen:

- Warum erhört Gott meine Gebete nicht?
- Warum tut Gott nicht, was er zusagt?
- Wie kann ich Gott neu vertrauen?

Sie schreibt persönlich und offen von ihren Zweifeln und Fragen. Aber auch von spannenden, unerwarteten Erlebnissen. Dieses Buch ist ein Hoffnung weckender Reiseführer für alle, die sich danach sehnen, Gott neu zu begegnen.

Das Buch erscheint in Kooperation mit dem Verlag Down to Earth, Berlin.

ISBN 978-3-935992-79-4 (Down to Earth)
ISBN 978-3-86591-539-9 (Gerth Medien)

GOTT UND DIE HÜTTE
DAS GOTTESBILD DES WELTBESTSELLERS

Roger E. Olson:
Gott und die Hütte
Was ist dran am Gottesbild des Weltbestsellers?

Nur wenige Bücher bewegen die Gemüter von Millionen Lesern so sehr wie William P. Youngs Roman „Die Hütte“. Denn in dem Bestseller kommen die elementarsten Fragen des Lebens zur Sprache: Gibt es wirklich einen Gott? Wie kann dieser Leid zulassen? Was ist der Sinn des Lebens? Die Antworten, die in „Die Hütte“ gegeben werden, sind ebenso wundervoll wie provokant.

Doch ist das Gottesbild, das in dem Roman vermittelt wird, wirklich biblisch? Der Theologe Roger E. Olson bietet kritischen Lesern einen fundierten Einblick in den meistdiskutierten Roman dieser Monate und macht sich anhand von Bibelstellen auf die Suche nach der Wahrheit über Gott und „Die Hütte“.

Mit Diskussionshilfen und Fragen für Kleingruppen.

Gerth Medien, Best.-Nr. 816 435
ISBN 978-3865914354